Artistes | numéro 68

JÉRÔME BOSCH, LE FAISEUR DE DIABLES

— Du Jardin des délices aux tourments de l'Enfer

par Thomas Jacquemin

50MINUTES

Avec la collaboration de Julie Piront

50MINUTES

CULTIVEZ-VOUS
SANS MODÉRATION !

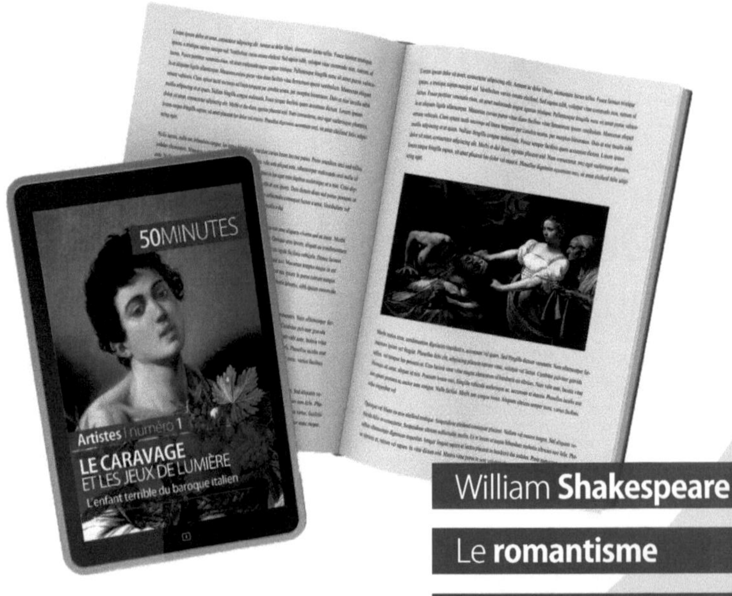

William **Shakespeare**

Le **romantisme**

Gustav **Klimt**

Eugène **Delacroix**

Victor **Hugo**

www.50minutes.com

JÉRÔME BOSCH

- **Nom ?** Jérôme (Hieronymous) Bosch, né Van Aken.
- **Naissance ?** Né vers 1450 à Bois-le-Duc (Pays-Bas).
- **Mort ?** Décédé en 1516 à Bois-le-Duc.
- **Contexte ?** Les Pays-Bas bourguignons, puis les Pays-Bas des Habsbourg et, sur le plan artistique, l'art des primitifs flamands.
- **Œuvres majeures ?**
  - *La Nef des fous* (fin XVe siècle)
  - *Le Chariot de foin* (début XVIe siècle)
  - *Visions de l'au-delà* (début XVIe siècle)
  - *Le Jardin des délices* (1500-1505)
  - *La Tentation de saint Antoine* (1500)
  - *Le Portement de croix* (1510-1516)

Grotesque, effrayante, fantastique, visionnaire, divine ou diabolique, l'œuvre de Jérôme Bosch peut être définie par de nombreux qualificatifs parfois contradictoires. Dans la continuité du gothique médiéval, qui touche alors à sa fin, l'art de ce peintre originaire des actuels Pays-Bas se développe à l'aube d'une nouvelle ère artistique qui sera particulièrement féconde, la Renaissance. Parallèlement, son pays vit une profonde crise sociale, identitaire et spirituelle. Les guerres et les maladies épidémiques ont ravagé l'Europe de l'Ouest, et les frontières se sont reconfigurées à plusieurs reprises au gré des conquêtes, des défaites et des alliances. Au Nord, les États indépendants des Pays-Bas sont majoritairement tombés sous l'égide de la Bourgogne, et les nombreuses révoltes, violemment réprimées, ont sapé l'espoir d'une vie meilleure en d'autres lieux que l'au-delà. Mais avec le début de la domination des Habsbourg, le monde change à nouveau de visage et l'espoir renaît.

C'est dans cet univers paradoxal que Jérôme Bosch trace son chemin et déploie son génie. Ses peintures à thèmes religieux, reflet d'un temps où la religion occupe une grande place dans la vie quotidienne, sont particulièrement complexes, et fourmillent de symboles, de codes ou de messages issus des Saintes Écritures. Connu à travers une quarantaine de tableaux pour la plupart non datés et fragmentaires, le travail de Jérôme Bosch ne cesse, aujourd'hui encore, de faire parler de lui. Si son œuvre est si marquante, c'est parce qu'elle est unique en son genre, notamment grâce à l'incroyable richesse de ses détails, issus d'un imaginaire débordant. Mais son succès est également le produit de son caractère universel. L'homme, ses faiblesses et ses tentations, son inconscient et ses chimères, voilà des thèmes qui touchent tous les cœurs.

DES PAYS-BAS BOURGUIGNONS
À LA NAISSANCE D'UN EMPIRE

La vie de Jérôme Bosch commence au crépuscule de la guerre de Cent Ans, qui a vu s'opposer, entre 1337 et 1453, l'Angleterre et la France, impliquant également d'autres nations à travers des jeux d'alliance. Tombés sous le joug des Bourguignons à la fin du XIVe siècle, les Pays-Bas ont contribué, malgré eux, à l'effort de guerre, afin de soutenir les Anglais. Ce long conflit a entraîné de grandes souffrances parmi la population (famine, pillage, misère due aux impôts, etc.), d'où de nombreuses révoltes sévèrement réprimées. Mais bien que la guerre de Cent Ans prenne fin en 1453, les combats se poursuivent entre l'Empire bourguignon et la France.

Sous les règnes des ducs Philippe le Bon (1396-1467) et Charles le Téméraire (1433-1477), la Bourgogne s'étend du Nord des Pays-Bas aux frontières suisses, comprenant l'actuelle Bourgogne, la Franche-Comté, le Luxembourg, la Belgique et la Hollande, un territoire déjà important auxquels les ducs de Bourgogne ambitionnent de rattacher la Lorraine. Mais cela n'est pas sans conséquence et engendre de vives tensions avec la France. En 1477, lorsque Charles le Téméraire trouve la mort au combat près de Nancy, la situation tourne à l'avantage de Louis XI (1423-1483) : les armées du duc sont défaites et ses territoires progressivement désintégrés. La Bourgogne se retrouve incorporée au royaume de France et Marie de Bourgogne (1457-1482), la fille de Charles le Téméraire, devient la duchesse d'un État amputé. Afin de protéger les États bourguignons du Nord, elle épouse alors Maximilien de Habsbourg (1459-1519). Parce qu'il amène avec lui de l'argent, des relations diplomatiques et des armées, l'archiduc d'Autriche est accueilli en véritable sauveur dans les Pays-Bas bourguignons. La menace française est par ailleurs écartée.

En 1496, le fils de Marie de Bourgogne et de Maximilien de Habsbourg, Philippe le Beau (1478-1506), épouse Jeanne Ire de Castille et d'Aragon (1479-1555), liant ainsi le sort des Pays-Bas à celui du royaume d'Espagne. De ce mariage naissent six enfants dont le futur empereur Charles Quint (1500-1558), qui deviendra le souverain le plus puissant de son siècle. En 1507, ce dernier accorde à sa tante, Marguerite d'Autriche (1480-1530), le titre de régente des Pays-Bas, sur lesquels elle règne avec sagesse jusqu'à sa mort en 1530. Grande amatrice des arts, elle se révèle être une mécène très généreuse.

L'ART GOTHIQUE À LA RENCONTRE DE L'ITALIE

Indépendamment du contexte politique, les Pays-Bas connaissent, à la fin du XVe siècle, une véritable période de transition socio-culturelle. La bourgeoisie, apparue parallèlement à l'essor des centres urbains, prend progressivement de plus en plus de place au sein d'une société jusque-là dominée par la noblesse et le clergé, dans la continuité d'un mouvement déjà entamé au XIVe siècle.

Architecturalement, la volonté d'indépendance des grandes cités se caractérise par l'apparition de nombreux beffrois. Ces derniers, qui s'élèvent désormais aux côtés des donjons seigneuriaux et des clochers des églises, sont le symbole du pouvoir des citoyens. C'est le début d'une nouvelle ère.

Du point de vue artistique, l'Europe est dominée, du XIIe siècle au début du XVIe siècle par le gothique, un art essentiellement religieux. Que ce soit en peinture, en sculpture ou en architecture, il se veut plus élancé, comme pour être plus près de Dieu, plus léger et plus réaliste que l'art roman qui le précède – malgré l'absence de perspective et des personnages relativement raides et figés. Mais, aux XVe et XVIe siècles se développe un style propre aux Pays-Bas, plus particulièrement aux Pays-Bas méridionaux (qui équivalent à l'actuelle Belgique), sous l'impulsion d'un groupe d'artistes nommés *a posteriori* les primitifs flamands, parmi lesquels on trouve Jan Van Eyck (vers 1390-1441), Rogier Van der Weyden (vers 1400-1464) et Hans Memling (vers 1435-1494). Ceux-ci se distinguent essentiellement par un nouveau souci du détail et une volonté de rendre les personnages plus réels et plus proches de l'observateur. Afin d'y parvenir, outre la représentation de formes anatomiquement plus réalistes, ils utilisent la peinture à l'huile, qui offre aux tableaux une intensité supplémentaire, grâce à la superposition de plusieurs couches de glacis (couleurs transparentes) créant des effets de lumière inédits.

Ainsi, le gothique brûlant ses derniers feux permet l'éclosion d'un style novateur dont l'influence sur l'art italien et les mouvements artistiques ultérieurs se ressentira longtemps. La Renaissance italienne, basée sur le retour à l'Antiquité gréco-romaine, se développe en effet en parallèle du primitivisme flamand et en subit l'influence, non seulement en ce qui concerne les techniques – la peinture à l'huile fascine véritablement les Italiens qui, jusque-là, pratiquaient principalement la peinture à la détrempe, liant leurs pigments à l'eau et non à l'huile –, mais également dans sa recherche de rendus plus réalistes. Jérôme Bosch, qui voit le jour dans une région toujours très influencée par le gothique, se situe tout juste à la transition artistique entre l'art des primitifs flamands et l'art de la Renaissance.

BIOGRAPHIE

UNE VIE CONFORTABLE

On ne sait pas grand-chose de la vie de Jérôme (Hieronymous) Van Aken. De condition modeste et peut-être originaire d'Aix-la-Chapelle (Aken), sa famille est installée à Bois-le-Duc, dans l'actuelle Hollande, depuis plusieurs générations. Jérôme Van Aken y voit le jour vers 1453 et y passera toute sa vie. D'ailleurs, s'il se fait connaître en tant que Jérôme Bosch, c'est du fait de son attachement à Bois-le-Duc (Den Bosch).

Bien qu'on n'ait aucun renseignement sur sa formation d'artiste, on peut supposer qu'il fait son apprentissage au sein même de la cellule familiale, son père et son grand-père étant peintres. Sa carrière semble ensuite prendre son essor dans les années 1470. En 1481, une source nous apprend qu'il s'est marié avec une bour-geoise du nom d'Aleyt Vanden Mervenne, d'une vingtaine d'années plus âgée que lui. La vie de Jérôme Bosch et de sa fortunée épouse est confortable. À l'héritage perçu par Aleyt s'ajoutent des revenus non négligeables que l'artiste reçoit pour ses travaux de peinture. Les archives de Bois-le-Duc prouvent que le couple compte parmi les habitants les plus riches de la ville et que Jérôme Bosch y est tenu en haute estime. Détail qui a toute son importance : l'ate-lier de l'artiste se trouve dans une maison en brique (alors qu'à l'époque, l'essentiel des habitats sont en bois) située sur la place du marché.

PEINTRE DE LA CONFRÉRIE DE NOTRE-DAME

À partir de 1486, Jérôme Bosch est membre de la Confrérie de Notre-Dame, l'une des nombreuses sociétés religieuses qui foisonnent à cette époque et dont les membres sont majoritairement issus de l'élite sociale. On peut considérer que l'adhésion de Jérôme Bosch s'inscrit dans la tradition familiale. En effet, depuis près d'un siècle, les noms de plusieurs de ses ancêtres figurent sur les registres de la confrérie. Œuvre de bienfaisance socialement importante au sein de la ville, cette association l'est également sur le plan artistique. Dans le cadre de la décoration de ses chapelles, la Confrérie de Notre-Dame est effectivement à la source de nombreuses commandes. Elle fait donc régulièrement appel aux artistes locaux, y compris Jérôme Bosch, qui réalise quelques tableaux modestes et collabore à la création de polyptyques ou de cartons de vitraux.

DES COMMANDES ET DES ADMIRATEURS PRESTIGIEUX

Dès la fin du XVe siècle, Jérôme Bosch connaît un succès qui va bien au-delà des frontières de son pays. Les grands triptyques de *La Nef des fous*, du *Chariot de foin*, du *Jardin des délices* ou encore de *La Tentation de saint Antoine* datent de cette période. Il est attesté que des *Knechten*, c'est-à-dire des apprentis, l'aident alors dans son travail et contribuent à la création de plusieurs copies des chefs-d'œuvre de l'artiste.

En 1504, Philippe le Beau lui commande le célèbre retable du *Jugement dernier*. Mais si cette œuvre est généralement attribuée à Jérôme Bosch, elle est aujourd'hui identifiée comme celle d'un collaborateur proche de l'atelier de l'artiste. Aussi d'autres grands dirigeants, tels que Marguerite d'Autriche, témoignent-ils de leur appréciation de son travail. Enfin, notons que l'enrichissement de la bourgeoisie permet la multiplication des commandes privées laïques.

Jérôme Bosch décède à Bois-le-Duc en 1516. Ses obsèques ont lieu le 9 août à la cathédrale Sint-Jan. De tous ses admirateurs, le plus grand est certainement le roi d'Espagne Philippe II (1527-1598), le fils de Charles Quint, qui collectionne les œuvres du maître. Il parvient à en obtenir 36 sur la quarantaine de tableaux qui nous est parvenue.

CARACTÉRISTIQUES

UN ARTISTE À PART ÉVOLUANT
ENTRE DEUX MONDES

Peintre provincial isolé des grands centres artistiques du Nord – principalement flamands –, Jérôme Bosch développe ses capacités techniques au gré des exigences de ses commanditaires. C'est une approche différente de celle des autres peintres, qui peaufinent généralement leur technicité pour eux-mêmes davantage que pour exécuter une commande en particulier. S'il paraît évident qu'il subit l'influence de l'art gothique et des primitifs flamands, Jérôme Bosch n'a cependant peut-être jamais voyagé hors de sa ville. D'ailleurs, nombreux sont ceux à percevoir dans son travail davantage l'empreinte de sources populaires telles que les enluminures.

Bien que l'artiste ne vive pas totalement à l'écart du monde, son isolement peut expliquer en partie son originalité et sa liberté d'action. Versé dans la peinture à l'huile, tout comme les peintres flamands, Jérôme Bosch simplifie sa technique et la rend unique : il applique la couleur directement sur ses tableaux, en sautant les étapes de la sous-couche et du glacis, puis appose, en fin d'œuvre, une couche transparente afin de donner plus de profondeur aux teintes. Il parvient ainsi à obtenir une chaleur et une force qui mettent particulièrement en exergue la lumière et les ombres. Aussi, tout en se montrant généralement fidèle aux coloris des primitifs flamands, le peintre insuffle-t-il à ses œuvres davantage de mouvement et de dynamisme. En outre, ses profondeurs de champ très réussies et ses ciels nimbés de flammes et emplis de fumée révèlent un grand talent de paysagiste.

Enfin, il faut encore ajouter qu'en dépit de son originalité incontestable, l'œuvre de Jérôme Bosch s'inscrit pleinement dans le projet de l'Église romaine de faire passer, à une époque où le peuple est majoritairement illettré et les ouvrages religieux en latin réservés aux membres du clergé, les messages de la foi par d'autres supports que l'écriture : sculptures, frises, vitraux, mosaïques et peintures se veulent les supports de narrations destinées à enseigner aux fidèles les grands principes de la chrétienté tels que l'amour du prochain, la crainte de Dieu et du châtiment céleste, le rejet du péché et du Diable, le sens du sacrifice et de la rédemption, etc. Surnommé « le faiseur de diables » et spécialiste dans la représentation de « tout ce qui grouille », Bosch adresse, à travers ses tableaux, un message destiné à résonner dans les esprits comme le sermon d'un prêtre. Ainsi, contrairement à une idée tenace et très répandue, son but premier n'est pas de faire la critique de la société, d'autant plus qu'il ne faut pas oublier que le peintre, à l'instar de ses confrères, peint sur commande. Et si effectivement la critique est présente, elle se veut avant tout salvatrice pour le pécheur pris à défaut, telle une mise en garde.

LE TRIPTYQUE

Les supports de Jérôme Bosch se présentent majoritairement sous la forme de triptyques. Le triptyque est une œuvre peinte ou sculptée à thème religieux dont les trois panneaux sont jointifs, les panneaux latéraux venant se refermer sur le panneau central qui livre la scène la plus importante. Les volets latéraux développent généralement le thème ou complètent la scène centrale. Une fois refermé, le triptyque présente une nouvelle scène sur le revers. Ce format prend son essor en Europe dès les XIIe et XIIIe siècles. Lorsque l'œuvre, de grande taille, est située derrière l'autel d'un lieu de culte, on parle alors d'un retable. À partir du XIVe siècle, le revers des volets est régulièrement peint en grisaille – teintes grises –, symbole de pénitence. Et c'est précisément au cours des périodes liturgiques de pénitence qu'ils sont visibles, les volets des retables étant alors fermés.

UN FOISONNEMENT DE SYMBOLES

L'œuvre de Jérôme Bosch apparaît comme extrêmement complexe aux yeux de l'observateur contemporain, notamment en raison du foisonnement de personnages, une des caractéristiques majeures du peintre, et de ses thèmes : la lutte entre le Bien et le Mal, la folie de l'humanité et toutes les facettes de l'homme (ses désirs, ses faiblesses, ses péchés, ses erreurs, ses préjugés, etc.). Il y a de quoi nous laisser perplexes, d'autant plus que, en accompagnement, le travail de Jérôme Bosch comprend de multiples allusions symboliques et métaphoriques.

Celles-ci, lorsqu'on les comprend, donnent un sens aux choses et une véritable signification globale aux œuvres. Il serait illusoire de chercher à décrire ici les myriades de symboles utilisés par Bosch. Par ailleurs, la signification de nombre d'entre eux a été perdue puisque leur référence s'est évanouie avec les siècles. Tout au plus, à titre d'exemple, pouvons-nous en citer quelques-uns parmi les plus visibles ou les plus récurrents :

- les symboles liés à l'alchimie, tout d'abord, sont fréquemment utilisés par le maître. Parmi eux, on trouve le plus souvent un œuf énorme, symbole de la transmutation des métaux, mais d'autres éléments alchimiques dont l'alambic, le creuset, le four, la fournaise, la cucurbite ou encore le soufflet sont présents dans les peintures de Bosch. Science spirituelle récupérée par la culture populaire et souvent associée à la magie et à la sorcellerie, l'alchimie est condamnée par l'Église ;
- omniprésents dans l'œuvre boschienne, les monstres et les infirmes sont des créations démoniaques non consenties par Dieu. Ils symbolisent dès lors la victoire du Mal. Les boiteux et les culs-de-jatte, en particulier, représentent, au travers de leur dégénérescence corporelle, la dépravation morale ;

- les animaux et les plantes ont aussi une symbolique propre. Par exemple, la fraise, plusieurs fois représentée dans *Le Jardin des délices*, incarne, dans les Pays-Bas de l'époque, les plaisirs illusoires ; le chardon, visible dans *La Tentation de saint Antoine*, représente la tentation pour les plaisirs terrestres périssables et impurs ; quant à la huppe, un oiseau autrefois très présent aux Pays-Bas qu'on retrouve également dans *Le Jardin des délices*, elle renvoie à la puanteur, à la saleté et, parfois, au Mal lui-même. Notons par ailleurs qu'il arrive que les couleurs de certains animaux soient modifiées afin d'en faire des êtres contre-nature ;
- on remarque également des symboles astrologiques. L'astrologie, qui a au XVIe siècle une grande influence sur la vie quotidienne, distingue quatre catégories d'hommes également utilisées en médecine : les sanguins, les colériques, les flegmatiques et les mélancoliques. L'analyse de différents personnages représentés par Bosch atteste que nombre d'entre eux répondent à ces divers tempéraments ;
- enfin, parmi tous les autres symboles qui peuplent l'œuvre de Bosch, citons encore la charlatanerie et ses supports, sorcières et diseuses de bonne aventure, qui renvoient très souvent à la cupidité.

Bien sûr, certains éléments ne passent pas par la métaphore ou le symbole et ont une signification beaucoup plus directe, comme c'est le cas des innombrables scènes de débauches sexuelles : sadisme, sodomie, pédérastie, bestialité, orgie, sadomasochisme, etc. Toutes les situations sont représentées. Toutefois, si leur condamnation par l'artiste ne fait aucun doute, l'inventivité dont il fait preuve dans ces scènes et leur nombre impressionnant laissent parfois à penser qu'il y a chez lui une forme de jubilation à les représenter ou que cela lui permet, du moins, de se défouler. La psychanalyse est toujours à l'étude de la question...

SIGNATURES ET COPIES

À la question : « Est-ce qu'une signature signifie que l'œuvre est authentique et première de sa série ? », la réponse est : « Pas dans le cas Jérôme Bosch. » L'artiste et ses apprentis/assistants, les *Jheronimus knechten schildere* ont parfois eux-mêmes réalisé des copies de leurs propres œuvres. Ainsi, il existe plusieurs versions de chacun de ces tableaux signés de la main de Bosch : *La Tentation de saint Antoine*, *Le Chariot de foin*, *L'Adoration des mages*, *Le Jardin des délices* et *Le Jugement dernier*. Une signature n'atteste donc nullement de la primeur de telle ou telle œuvre et ne signifie finalement que très peu de choses dans le cas des tableaux de Jérôme Bosch.

SÉLECTION D'ŒUVRES

LE JARDIN DES DÉLICES

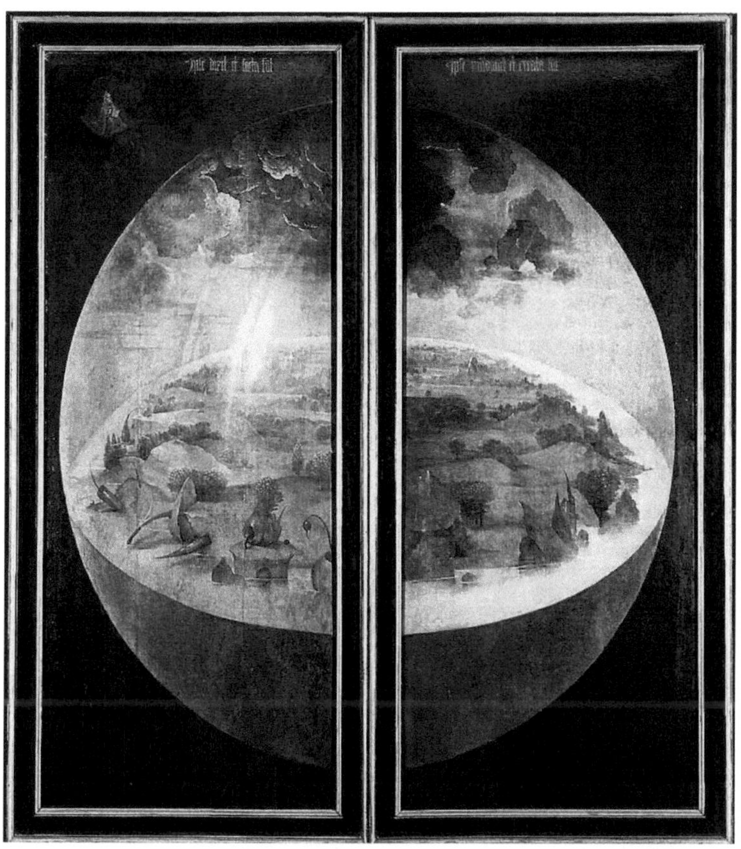

Le Jardin des délices, 1500-1505, huile sur panneau, 220 x 195 (panneau central), 220 x 97 (panneaux latéraux), Madrid, musée du Prado. Triptyque fermé : *La Création du monde*.

Ce triptyque, originellement destiné à la chapelle de Nassau à Bruxelles, n'est pas signé. Toutefois, il n'en est pas moins une œuvre incontestable de Jérôme Bosch. Il se compose de quatre scènes dont la première apparaît sur le revers des panneaux latéraux : il s'agit de la Création du monde. Le peintre y a inscrit le psaume 33, extrait de la Genèse : « Ipse dixit et facta/ Ipse Mandavit et creata sunt. », « Lui-même le dit et tout fut fait/ Lui-même l'a ordonné et tout fut créé. » Cette citation identifie le vieillard coiffé d'une tiare dans le coin supérieur gauche comme étant Dieu lui-même au troisième jour de la Création du monde. Si le Christ est régulièrement représenté dans l'art médiéval, il n'en va pas de même du Père, dont la représentation est exceptionnelle. En dehors de cette particularité notoire, on observe dans cette scène le monde tel que les hommes du XVe siècle se le figurent : il s'agit d'un monde plat, enclos dans une sphère de cristal. Encore en construction, il est baigné d'eau et de brouillard, et est dominé par les roches et les nuages. C'est le chaos qui précède la création des hommes. La scène est peinte selon la technique picturale de la grisaille.

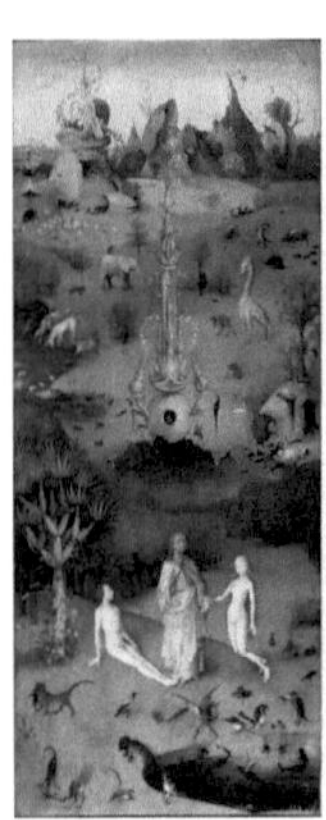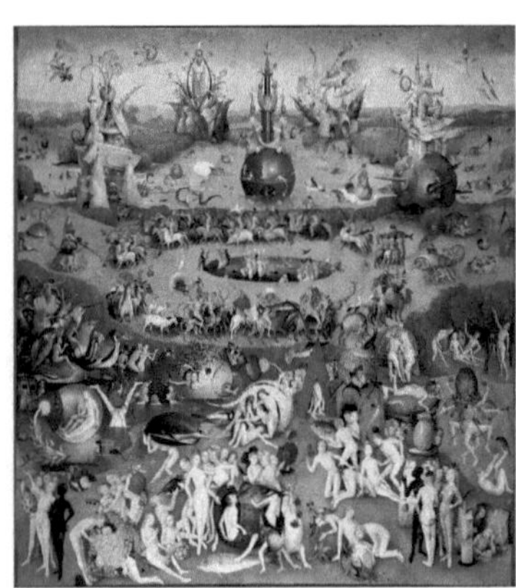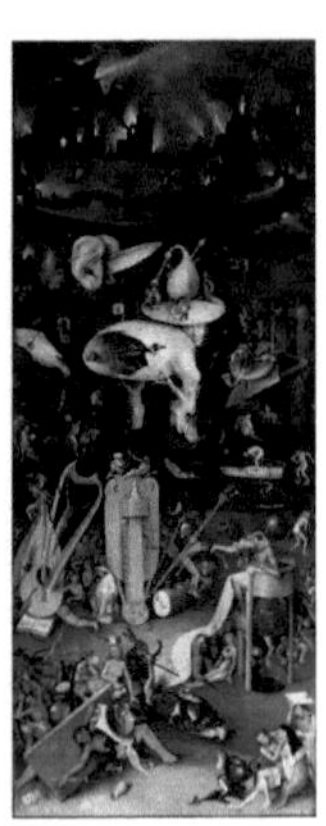

Le Jardin des délices, triptyque ouvert.

Le triptyque ouvert, dont les thèmes sont la luxure et ses conséquences, se divise quant à lui en trois parties centrées autour d'Adam et Ève et de leurs descendants. Le récit se lit de gauche à droite, les trois panneaux formant ainsi une suite logique. On y observe le jardin d'Éden, avec la création d'Ève et d'Adam, les dérives de leur progéniture et, enfin, leur damnation en Enfer. Sur chaque panneau, les couleurs sont intenses et, pour les deux premiers, dont le ciel et l'horizon sont liés, dans les mêmes tonalités. Les couleurs du troisième volet, plus contrastées – les ombres alternent avec des éléments intensément lumineux –, reflètent le caractère apocalyptique de la scène représentée.

Sur le panneau de gauche, le Paradis terrestre (ou Éden) est serein. Les étrangetés se limitent à quelques animaux parés de couleurs bizarres, à une poignée de créatures hybrides (une licorne à queue de poisson dans l'eau, un oiseau à trois têtes, etc.) et à différentes formes d'ordre surnaturel agrémentant l'arrière-plan. Toutefois, malgré le calme apparent du paysage, on y observe tout de même les cruautés des prédations : on y distingue notamment un chat dévorant un lézard, un oiseau avalant une grenouille ou encore des animaux se battant dans la prairie. Quant à Adam et Ève, montrés nus à l'avant-plan, de part et d'autre d'une représentation divine, ils sont dignes. L'arbre de la connaissance, celui sur lequel Ève prélèvera la Pomme de la connaissance, se dresse à la gauche du trio.

Le panneau central, qui évoque les délices de la vie avant la chute des hommes, et essentiellement la luxure, se caractérise par le chaos, en raison de ses nombreuses scènes toutes plus vivantes les unes que les autres, et par l'érotisme, incarné par les chairs nues des hommes et des femmes. Ceux-ci s'égaient dans une plaine où apparaissent de nombreux êtres surnaturels ou étranges, ainsi que des oiseaux, des fruits et des poissons géants. Ils se livrent à des pratiques sado-masochistes, homosexuelles et hétérosexuelles, ou chevauchent indistinctement – en prenant parfois des postures sensuelles – des chevaux, des dromadaires, de grands fauves inconnus, des ours, des vaches, des porcs, etc. Certains se plongent tête la première dans les eaux ou à l'intérieur d'une moule géante. Le calme cède désormais la place à de véritables bacchanales endiablées, à une quête de plaisir débridée qui annonce incontestablement la suite. Deux personnages, à l'intérieur d'une capsule de verre sur la gauche, font probablement allusion au proverbe flamand « Le bonheur est comme le verre, il se casse vite ». Une étrange cité aux formes imaginaires se dresse à l'arrière-plan.

DE LA VANITÉ ET DU GOÛT DE LA FRAISE

Le Jardin des délices n'a pas toujours été dénommé ainsi. À la vérité, ce nom ne lui a été donné que récemment. Au XVIIe siècle encore, l'œuvre était connue sous le nom *De la vanité et du goût éphémère de la fraise ou du fraisier*. Cette appellation en dit bien davantage sur le thème et la visée du triptyque, puisque la fraise fait directement référence au thème de la luxure et au plaisir éphémère qu'il octroie.

Dans le dernier panneau, qui représente l'Enfer, les humains sont la proie des bêtes et des démons. Au sol, des corps d'hommes et de femmes sont tourmentés par des êtres malsains et hybrides dont certains sont déguisés en moines. Dans le coin inférieur droit, un homme semble être sur le point de s'accoupler malgré lui à une truie déguisée en nonne. Juste au-dessus, un humanoïde géant à tête d'oiseau dévore un humain de l'anus duquel sortent des oiseaux noirs. De gigantesques instruments de musique parsemés çà et là donnent le ton à cette scène qui montre le triomphe du Mal. On observe encore, entre autres, des ustensiles gigantesques devenus bâtiments, des oreilles humaines, un crâne de cheval aux dimensions extraordinaires ou la moitié supérieure d'un homme-géant dont les bras s'enfoncent tels deux arbres dans deux barques et dont le corps béant a été transformé en auberge. À l'arrière-plan, dans la nuit, apparaissent des bâtiments en flammes, des armées de démons et des exécutions. Partout, l'horreur, la folie et le désespoir règnent.

Même si cette œuvre nous semble aujourd'hui totalement imaginaire, Jérôme Bosch puise en réalité abondamment dans la Bible, mais aussi dans la littérature dévote médiévale et dans la culture populaire des xve et xvie siècles, où le thème de la damnation éternelle des pêcheurs est récurrent. Par exemple, les paysages baignés de flammes sont clairement évoqués dans la description de l'Enfer présente dans les *Visions* de sainte Brigitte datant de 1490 ou encore dans les textes de Denis le Chartreux en 1486 et en 1491. Des éléments plus particuliers, tels que l'homme arbre habité, viennent également de la littérature pieuse des Pays-Bas de l'époque. L'œuvre de Jérôme Bosch s'inscrit donc profondément dans son temps et sonne comme un avertissement : celui qui vit dans le péché de la chair s'y perdra et se verra damné aux mille souffrances en Enfer. Mais l'intensité, la sensualité et le fourmillement d'informations et de personnages qui caractérisent son œuvre sont autant de traits propres à son travail, qu'on ne retrouve nulle part ailleurs avant lui.

LA TENTATION DE SAINT ANTOINE

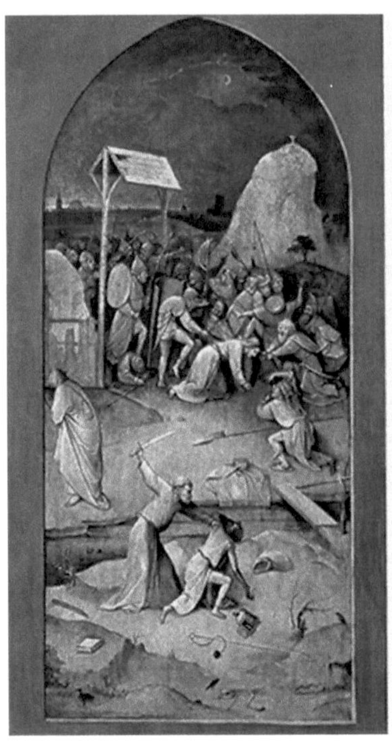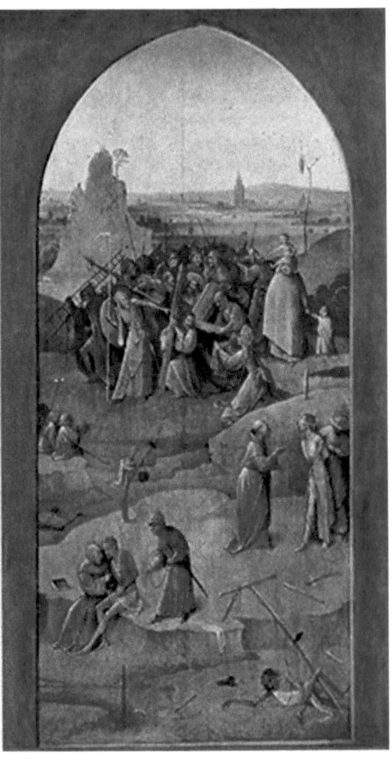

La Tentation de saint Antoine, 1500, huile sur panneau, 131,5 x 119 (panneau central), 131,5 x 52,5 (panneaux latéraux), Lisbonne, musée national des Arts anciens.

Triptyque fermé : *L'Arrestation du Christ* et *Le Portement de Croix*.

Contrairement au *Jardin des délices*, *La Tentation de saint Antoine* est signée de la main du maître. Cette œuvre est elle aussi un triptyque, mais elle « fourmille » beaucoup moins que *Le Jardin des délices*. Fermée, elle représente les événements tragiques de l'arrestation du Christ et du portement de croix. Selon certains, Jérôme Bosch aurait voulu représenter la cruauté des hommes à l'égard de leur créateur. Ces deux scènes religieuses peintes selon la technique picturale de la grisaille et destinées à être visibles durant les périodes de pénitence sont particulièrement sobres.

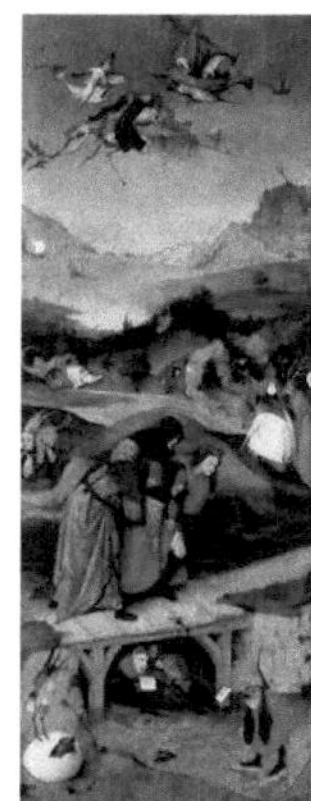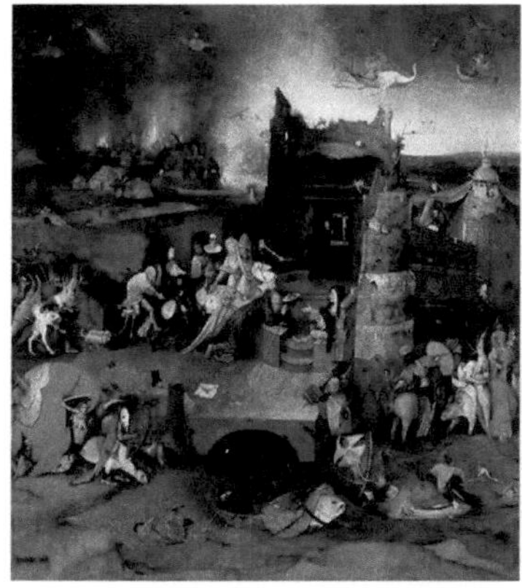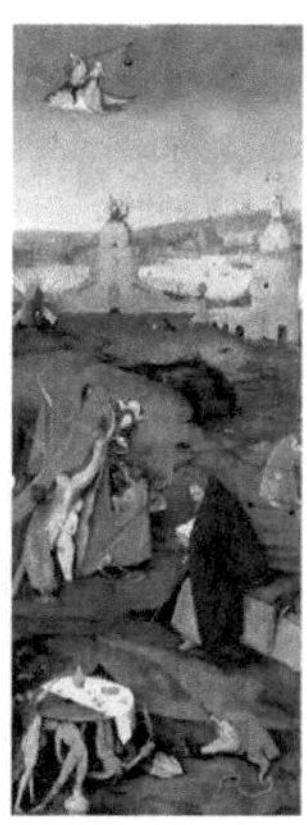

La Tentation de saint Antoine, triptyque ouvert.

L'œuvre ouverte aborde pour sa part le combat de saint Antoine face aux attaques du Démon et aux tentatives de ce dernier pour le détourner du droit chemin. Cerné par le vice et le Malin qui cherchent à le faire succomber à la tentation, le saint homme reste inébranlable et résiste victorieusement aux appâts qui lui sont tendus. Les événements des trois panneaux ont lieu dans un paysage semblable. En outre, le tracé de l'horizon se suit d'un panneau à l'autre. Le thème de saint Antoine est l'un des favoris de Jérôme Bosch. Le peintre a d'ailleurs réalisé deux autres triptyques sur ce sujet, qui se trouvent respectivement à Bruxelles et en Espagne. Son intérêt pour saint Antoine, très populaire aux XVe et XVIe siècles, amène certains à le définir comme le peintre de ce saint.

Le récit commence sur le panneau de gauche, dans le ciel, où saint Antoine est agressé par des êtres ailés diaboliques. Dans le paysage, une forme humanoïde agenouillée forme une grotte et une colline, symbolisant la tentation de la sodomie. Secouru après sa chute par deux moines et un laïc (il a été avancé que ce laïc pourrait être Jérôme Bosch lui-même), l'ermite est ensuite représenté, dans la partie inférieure du panneau, très affaibli.

Dans le coin inférieur droit, un hybride humain-oiseau vêtu et portant un casque pointu tient un message dans son bec. Le texte retranscrit sur ce message soulève encore aujourd'hui de nombreuses interprétations.

Dans le panneau central, saint Antoine se trouve au centre de la scène : il s'agit du personnage vêtu de bleu, agenouillé contre le muret. Il est le point de convergence autour duquel l'action se déroule. Autour de lui se tiennent, éparses, plusieurs personnages diaboliques qui cherchent à le tenter. On distingue notamment un monstre composé uniquement d'une tête et d'une paire de jambes, un homme arborant une tête de porc ou encore un mendiant. Un peu plus bas, assis par terre, se trouve un homme arborant un manteau rouge et un chapeau haut de forme : il est communément considéré comme le Diable ou comme un maître magicien. Quant au saint homme, il détourne son regard vers le public, comme s'il espérait quitter le retable. Il est en proie à un conflit interne entre le désir et l'interdiction d'y céder, le Mal et le Bien. En somme, il doit faire un choix entre la folie ou la vie spirituelle. Au fond d'une salle obscure, à la droite du centre du tableau, on aperçoit le Christ près d'un autel éclairé d'un cierge. Zone de sérénité au milieu des abominations, elle évoque la Rédemption. Dans le ciel, sur la droite, se dessinent des vaisseaux ailés au cœur d'un paysage serein, tandis que sur la gauche, les flammes consument une ville entière survolée par des démons.

Enfin, ici encore, le dernier panneau est dominé par des créatures malignes, démoniaques et hybrides. Saint Antoine, au centre, est détourné de sa lecture et semble éviter de poser son regard sur l'ensemble des aberrations et des tentations qui l'entourent. Au premier plan', des personnages servent de pieds à une table à manger : il s'agit d'une possible allégorie de la gourmandise. À côté se tient un personnage dépourvu de corps dont les jambes se joignent à un visage sans traits. Plus haut, au même niveau que saint Antoine, une femme nue et une grenouille humanoïde à qui une vieille femme sert du vin évoquent quelque pratique de sorcellerie ainsi que la luxure. En face, un infirme dépourvu de bras avance vers la droite à l'aide d'une sorte de trotteur, symbolisant l'égarement et la dégénérescence du corps comme cause de la dépravation de l'esprit. Malgré toutes ces scènes, saint Antoine ne succombe pas à la tentation et reste stoïque. L'œuvre célèbre ainsi la fermeté de cet ermite à la foi sans faille.

LE CALVAIRE AVEC DONATEUR

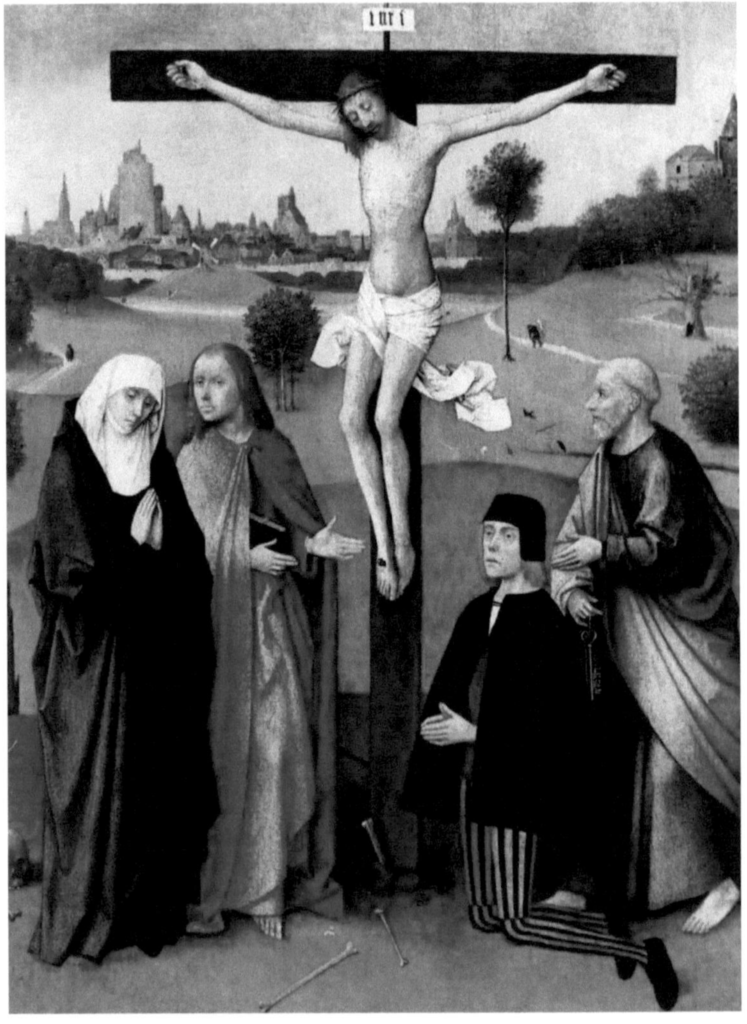

Le Calvaire avec donateur, 1480-1485, huile sur panneau, 74,7 x 61 cm, Bruxelles, musées royaux des Beaux-Arts de Belgique.

Si Jérôme Bosch est avant tout célèbre pour ses représentations infernales, il est néanmoins important de signaler que ces œuvres ne sont pas exclusives dans sa production. Ainsi, certaines de ses peintures se veulent sobres et dénuées de monstruosités, comme c'est le cas du *Calvaire avec donateur*. Ce tableau nous permet en outre de mettre en évidence l'importance des donateurs et de leurs commandes dans la production artistique de la fin du Moyen Âge. Ici, le donateur a demandé au peintre de le représenter dans un rôle-clé de la scène.

- 29 -

Il s'agit de l'homme agenouillé au pied de la croix où le Christ est crucifié. Ses mains sont collées en signe de prière et de piété. Son regard est perdu dans le lointain. À ses côtés, saint Pierre, détenteur des clés du Paradis, semble se placer en protecteur et le désigne. À gauche de la croix, un autre saint aux côtés de la Vierge désigne également le donateur comme s'il espérait que la mère du Christ lui donne sa bénédiction. Jésus, crucifié, mais dépourvu de plaie et de sang, surplombe la scène avec un visage paisible.

La mort, représentée alentour par des ossements, des corbeaux et des arbres abattus, emplit le tableau du premier plan jusqu'au milieu. À l'arrière-plan, on trouve une ville médiévale, peut-être Bois-le-Duc.

JÉRÔME BOSCH, UNE SOURCE D'INSPIRATION

Le XVIᵉ siècle donne à l'étrangeté de l'œuvre de Jérôme Bosch un retentissement considérable grâce, entre autres, à l'intérêt tout particulier muté à la longue en véritable passion que lui portent l'empereur Charles Quint et son fils Philippe II. Aussi, sans qu'on puisse le considérer comme l'initiateur d'une école ou d'un courant particulier, l'artiste fait-il de nombreux émules. Certains, tels que Jan Mandijn (1502-1560), Pieter Huys (1519-1584) ou encore Frans Verbeeck (XVIᵉ siècle), l'ont littéralement imité.

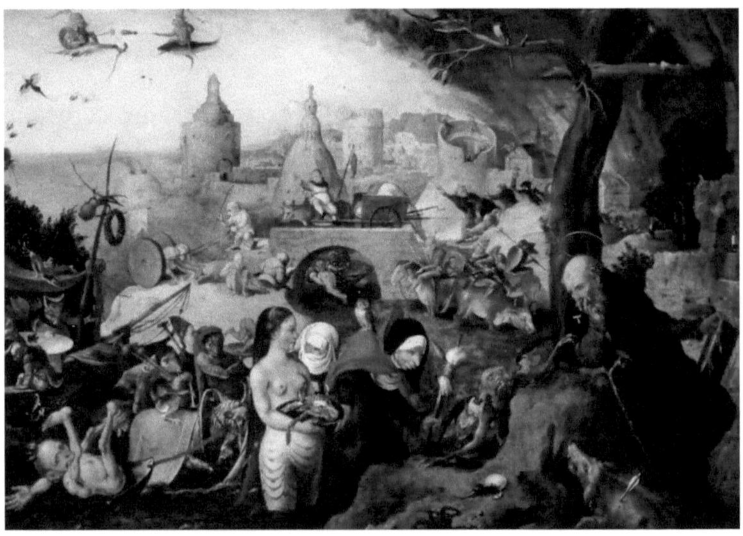

Huys (Pieter), *La Tentation de Saint Antoine*, 1547, huile sur panneau, 70 x 103 cm, Paris, musée du Louvre.

Dans *La Tentation de saint Antoine* (1547) de Pieter Huys, les personnages visibles dans le ciel rappellent à s'y méprendre ceux qu'on aperçoit dans le retable du même nom de Jérôme Bosch. De même, le lutin équipé d'une cornemuse, la sorcière, l'être hybride ainsi que le personnage de saint Antoine, stoïque au milieu du chaos, sont autant d'éléments attestant de l'hommage au maître pleinement assumé.

Toutefois, un seul artiste peut être considéré pleinement comme l'héritier artistique de Jérôme Bosch : il s'agit de Pieter Bruegel l'Ancien (vers 1525-1569).

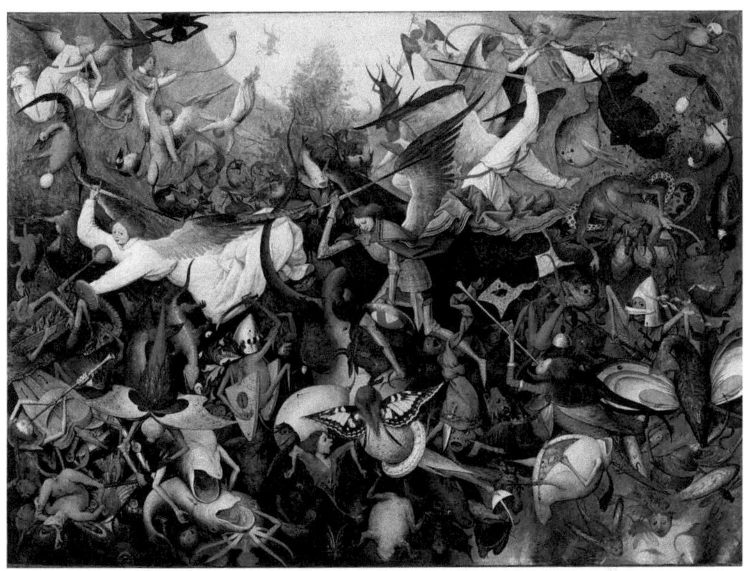

BRUEGEL L'ANCIEN (Pieter), *La Chute des anges rebelles*, 1562, huile sur panneau, 117 x 162 cm, Bruxelles, musées royaux des Beaux-Arts de Belgique.

Dans *La Chute des anges rebelles* (1562), Bruegel met en scène la lutte des anges, menés par l'archange saint Michel, contre les rebelles, devenus créatures démoniaques. Force est de constater que ces dernières font directement écho aux hybrides de Jérôme Bosch, à tel point que si les inventions démoniaques de l'un des deux peintres se retrouvaient dans une œuvre de l'autre, elles s'y intégreraient à la perfection.

Les XVIIe et XVIIIe siècles, influencés par l'esprit des Lumières et rejetant « l'obscurantisme médiéval », délaissent Jérôme Bosch au profit de peintures plus rationnelles et plus classiques. L'intérêt pour son œuvre ne refait surface que dans la seconde moitié du XIXe siècle, avec le courant romantique et l'attention nouvelle accordée au passé national. Par ailleurs, l'artiste exerce également une certaine influence sur la littérature fantastique.

Enfin, au siècle suivant, Jérôme Bosch se révèle être une grande source d'inspiration pour les artistes surréalistes. Son intérêt pour l'âme humaine et pour les désirs conscients et inconscients des hommes amène les surréalistes à le glorifier et même à le présenter comme un ancêtre de leur mouvement. Ainsi, dans *Le Manifeste du surréalisme* de 1924, André Breton (1896-1966) lui décerne le titre honorifique de « visionnaire intégral ». Mais, à côté de l'influence qu'elle exerce sur le surréalisme, l'œuvre de Jérôme Bosch devient aussi une véritable source de débats. Les peintures énigmatiques du maître sont en plein dans la ligne de mire des théoriciens érudits et des analystes freudiens. On déclare le peintre pervers, à mi-chemin entre l'horreur et le désir, entre la quête de sainteté et de débauche. Qu'elles soient avérées ou non, ces théories ont au moins le mérite de faire parler de cet artiste formidable. Ainsi, l'influence de Bosch plane encore sur l'imaginaire collectif et sur notre vision du monde médiéval.

L'ANGE SANGLANT, DANS L'ENFER DE JÉRÔME BOSCH

Claude Merle (né en 1938) a récemment consacré à l'artiste un roman, *L'Ange sanglant, dans l'Enfer de Jérôme Bosch* (2014). L'écrivain fait du peintre l'élément principal de sa narration, le plaçant au cœur d'une sombre intrigue de meurtres barbares.

- Jérôme Bosch naît à Bois-le-Duc, dans les Pays-Bas Bourguignons, en 1453, dans un monde en proie aux guerres et à l'incertitude. Pourtant, c'est aussi une époque de renouveau et de changement, notamment dans les arts.

- Alors qu'il est surtout connu dans sa région natale, au début du XVIᵉ siècle, Jérôme Bosch rencontre un succès international : des personnalités importantes et des hauts dirigeants cherchent à obtenir ses tableaux. Après sa mort à Bois-le-Duc, qu'il n'a probablement jamais quitté, la notoriété de Jérôme Bosch ne cesse de grandir.

- Évoluant dans un monde en mutation qui voit brûler les derniers feux du Moyen Âge et éclore les prémices de la Renaissance, Jérôme Bosch subit à la fois l'influence du style gothique et de l'art des primitifs flamands. Toutefois, il s'autorise de nombreuses libertés, créant ainsi un style totalement inédit.

- La plupart de ses œuvres sont des triptyques à thème religieux caractérisés par un véritable fourmillement de personnages et de scènes : ça « grouille » de partout. Parmi ses thèmes récurrents, on trouve la lutte entre le Bien et le Mal, la folie de l'humanité et toutes les facettes de l'homme (ses désirs, ses faiblesses, ses péchés, ses erreurs, ses préjugés, etc.).

- Mais les tableaux de Bosch sont en outre parsemés de symboles faisant allusion à l'alchimie, à la sorcellerie, aux Saintes Écritures, aux péchés des hommes, aux us et coutumes de ses contemporains, à l'astrologie, etc. Ils sont si riches et si complexes que chacun d'entre eux pourrait faire l'objet d'un essai entier.

- Source d'inspiration importante pour les artistes qui lui font directement suite, notamment Pieter Bruegel l'Ancien, l'œuvre surprenante et énigmatique de Bosch est ensuite délaissée jusqu'au milieu du XIXe siècle, avant d'être remise en avant. Le peintre apparaît alors comme le précurseur des arts fantastiques. Au siècle suivant, les réalisations de Jérôme Bosch suscitent de nombreux débats au sein de l'intelligentsia, et le peintre continue encore, de nos jours, d'éveiller un vif intérêt.

POUR ALLER PLUS LOIN

SOURCES BIBLIOGRAPHIQUES

- Anonyme, *Hieronymous Bosch*, Londres, Sirroco, 2004.
- Argan (Guilio-Carlo), *Histoire générale de la peinture. La Renaissance*, Paris, Flammarion, 1968.
- Elsig (Frédéric), *Jheronimus Bosch. La question de la chronologie*, Genève, Droz, 2004.
- Francastel (Pierre), *Histoire générale de la peinture. Le Moyen Âge*, Paris, Flammarion, 1968.
- Huizinga (Johan), *Le Déclin du Moyen Âge*, Paris, Éditions Payot, 1967.
- Koldewe (Jos), Vandenbroeck (Paul) et Vermet (Bernard), *Jérôme Bosch. L'œuvre complet*, Ludion/Flammarion, 2001.
- Marijnissen (Robert-Henri) (dir.), *Jérôme Bosch*, Bruxelles, Arcade, 1977.
- Marijnissen (Robert-Henri) et Ruyffelaere (Peter), *L'ABCdaire de Jérôme Bosch*, Paris, Flammarion, 2001.
- Silver (Larry), *Bosch*, Paris, Citadelles & Mazenot, 2006.
- Van Schoute (Roger) et Garrido (Carmen), *Bosch at the Museo del Prado : technical study*, Madrid, 2001.
- Van Schoute (Roger) et Verboomen (Monique), *Jérôme Bosch*, Tournai, Renaissance du Livre, 2003.

SOURCES ICONOGRAPHIQUES

- Bosch (Jérôme), *La Tentation de saint Antoine*, 1500, huile sur panneau, 131,5 x 119 (panneau central), 131,5 x 52,5 (panneaux latéraux), Lisbonne, musée national des Arts anciens. La photo reproduite est réputée libre de droits.

- BOSCH (Jérôme), *Le Calvaire avec donateur*, 1480-1485, huile sur panneau, 74,7 x 61 cm, Bruxelles, musées royaux des Beaux-Arts de Belgique. La photo reproduite est réputée libre de droits.
- BOSCH (Jérôme), *Le Jardin des délices*, 1500-1505, huile sur panneau, 220 x 195 (panneau central), 220 x 97 (panneaux latéraux), Madrid, musée du Prado. La photo reproduite est réputée libre de droits.
- BRUEGEL L'ANCIEN (Pieter), *La Chute des anges rebelles*, 1562, huile sur panneau, 117 x 162 cm, Bruxelles, musées royaux des Beaux-Arts de Belgique. La photo reproduite est réputée libre de droits.
- HUYS (Pieter), *La Tentation de Saint Antoine*, 1547, huile sur panneau, 70 x 103 cm, Paris, musée du Louvre. La photo reproduite est réputée libre de droits.

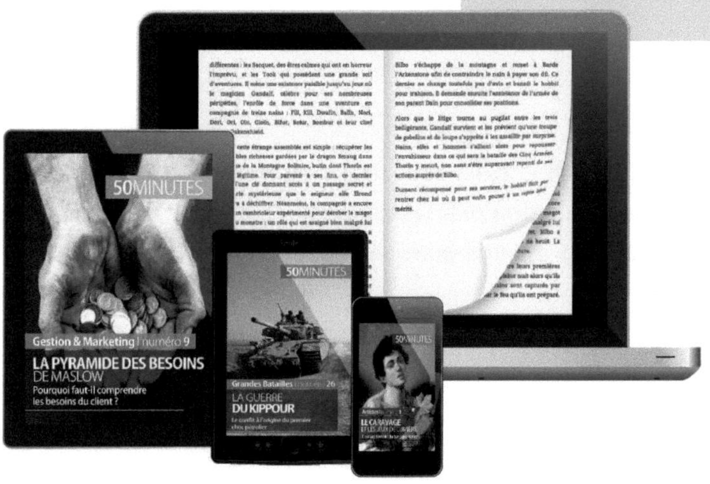

50MINUTES

SOYEZ LÀ
OÙ ON NE VOUS ATTEND PAS !

www.50minutes.com

www.50minutes.com

Éditeur responsable : Lemaitre Publishing
Rue Lemaitre 6 | BE-5000 Namur
info@lemaitre-editions.com

ISBN ebook : 978-2-8062-6250-9
ISBN papier : 978-2-8062-6251-6
Dépôt légal : D/2015/12603/56
Photo de couverture : © *Le Jardin des délices* (1500-1505), par Jérôme Bosch (détail).

Conception numérique : Primento, le partenaire numérique des éditeurs